LA VÉRITÉ SUR LES FINANCES ÉGYPTIENNES

LA VÉRITÉ

SUR LES

FINANCES ÉGYPTIENNES

RESSOURCES DE L'ÉGYPTE

EXPOSÉ DE M. GOSCHEN

Caractère de l'enquête nouvelle; son inutilité

Impossibilité de démontrer
que le revenu normal de l'Egypte soit au-dessous de
10,450,000 liv. st.,
CHIFFRE INDIQUÉ PAR M. GOSCHEN

SOLVABILITÉ DU GOUVERNEMENT ÉGYPTIEN

PARIS

PAUL DUPONT, LIBRAIRE-ÉDITEUR
11, RUE JEAN-JACQUES-ROUSSEAU

1878

AVIS DE L'ÉDITEUR

Il vient de paraître à Alexandrie, sur les finances égyptiennes, une brochure qui nous a paru mériter d'être connue en France. Elle a été remise aux Consuls des différentes puissances par les mandataires qu'a désignés le Meeting, réuni à Alexandrie, le 3 février 1878, pour protester contre les projets que pourrait faire supposer chez le Gouvernement égyptien, le décret du Khédive, du 27 janvier 1878. On sait que ce décret, rendu malgré l'opposition des Commissaires de la Dette, appuyés par les puissances, a ordonné une enquête dans des conditions qui ne donnent aux créanciers aucune garantie, et qui sont de nature à provoquer leurs plaintes légitimes. Tout porte, d'ailleurs, à penser qu'en présence des justes réclamations des créanciers, ce décret, s'il reçoit quelque exécution, devra subir des modifications sérieuses qui donneront aux droits des Européens une efficace protection.

Le Meeting du 3 février réunissait plus de mille personnes; il a délibéré sous la présidence d'un Comité provisoire, composé de MM. Ralli, président; Lumbroso, Menasce, Debourg, Gilly, secrétaire, et a nommé un Comité définitif composé de vingt-quatre membres qui sont : MM. Surseck, Aghion, Hubert, Antoniadis, Ivanoff,

Hess, Menasce, Debourg, Guéry, Solhaune, Stagni, Vassilopulo, Valendi, Lumbroso, Carver, Bell, Mango, Rodocanachi, Frauger, Barker, Rinaldoni, Aïdé, Zangarol et Ninet. Le Meeting réunissait toutes les nationalités; mais nous ne pouvons oublier que les Français établis en Egypte sont au nombre de dix-huit mille. Il est de mode, en théorie, d'encourager chez les Français l'esprit d'expansion et d'entreprise, de les exciter par les conseils que leur donnent à l'envi les livres et la presse périodique, à porter au dehors, à l'exemple de la race anglo-saxonne, les idées et l'influence de la patrie. Il serait fâcheux que ces sentiments se démentissent dans la pratique, et que les justes plaintes de nos compatriotes, si cruellement lésés dans leurs intérêts, au lieu de rencontrer en France une sympathique attention, y fussent accueillies, comme il est arrivé trop souvent, par un froid dédain ou même par le dénigrement. Espérons qu'il n'en sera pas ainsi, lorsqu'il s'agit des affaires d'un pays situé aux portes mêmes de Marseille, uni à la France par des liens multiples et tout rempli de la gloire de ses ingénieurs.

Au surplus, bien qu'une grande partie de la Dette égyptienne appartienne à la colonie européenne établie dans ce pays, chacun sait qu'elle est largement répandue en France et en Angleterre et qu'elle s'y partage entre des milliers de porteurs. Pour ne parler ici que de la Dette privilégiée (chemins de fer) et de la Dette unifiée, sur 74 millions de livres sterling (1,850,000,000 fr.), en capital nominal, qui les composent aujourd'hui, les titres possédés par les Français, représentent environ 27 millions de livres (675,000,000 fr.) Le surplus est principalement placé en Angleterre. Ces chiffres disent assez de quelle importance sont les finances égyptiennes, au point de vue de la richesse et des intérêts des deux grandes puissances occidentales.

On n'a ajouté à la brochure, telle qu'elle a été publiée à Alexandrie, que quelques notes explicatives.

On l'a fait suivre de la pétition à MM. les Agents et Consuls généraux signée au Meeting du 3 février et de tableaux qui, pour mettre un terme aux exagérations qui ont cours à ce sujet; représentent, au vrai, et d'après les états publiés par MM. les Commissaires de la Dette, le montant actuel de la Dette égyptienne de toute nature.

Comité nommé par le Meeting d'Alexandrie du 3 février 1878

Pour la défense des intérêts des créanciers Égyptiens.

MM. SURSECK,	MM. GUÉRY,	MM. MANGO,
AGHION,	SOLHAUNE,	RODOCANACHI,
HUBERT,	STAGNI,	FRAUGER,
ANTONIADIS,	VASSILOPULO,	BARKER,
IVANOFF,	VALENDI	RINALDONI,
HESS,	LUMBROSO,	AIDÉ,
MENASCE,	CARVER	ZANGAROL,
DEBOURG,	BELL,	NINET.

LA VÉRITÉ

SUR LES

FINANCES ÉGYPTIENNES

———————————

Des bruits étranges, des assertions alarmantes circulent ici et en Europe, sur les conditions financières de l'Égypte et sur les intentions du Vice-Roi au sujet de la Dette de l'État.

On prétend que la banqueroute est imminente, que l'Égypte ne se trouve pas en mesure de faire face à ses engagements. On soutient même que le Vice-Roi a décidé de réduire l'intérêt de la Dette unifiée, et de suspendre le payement des autres dettes de l'État, telles que comptes courants, pensions et jugements.

Par une étude sérieuse des conditions de l'Égypte, nous croyons pouvoir démontrer que ces insinuations sont fausses et mal fondées, et que l'Égypte est en mesure de satisfaire à tous ses engagements.

Nous nous appuyerons sur des chiffres précis, sur des affirmations sévères, mais justes, émanées de personnes haut placées en Europe, et qui se sont occupées sérieusement de l'Égypte, avant comme après la suspension de payements du 7 avril 1876, et sur des documents officiels publiés en diverses circonstances par le Gouvernement égyptien.

Et nous espérons pouvoir ainsi faire naître chez les personnes

2

intéressées, comme chez les Gouvernements européens, la conviction que l'Égypte peut et doit, dans un délai relativement court, liquider entièrement son passif.

———

I.

Pour arriver à démontrer que l'Égypte peut payer toutes ses dettes, établissons d'abord ses ressources :

La première chose à faire, à cet égard, est d'examiner les prévisions sur lesquelles s'est appuyé M. Goschen pour arriver à la transaction stipulée par lui avec le Gouvernement égyptien et, qui a été sanctionnée par le décret de conversion de la Dette égyptienne (18 novembre 1876).

C'est, en effet, l'exécution de cette transaction qu'on cherche à compromettre ; ce sont les données fournies alors qu'on révoque aujourd'hui en doute.

Voyons donc comment elles ont été recueillies ; si le travail et l'examen auxquels s'est livré M. Goschen, d'accord avec son collègue français, M. Joubert, ne leur donne pas un caractère désormais indiscutable.

Nous les comparerons du reste aussi à d'autres documents officiels, étrangers aux recherches et aux appréciations de M. Goschen, et, si ces éléments nous amènent tous à une même solution, la vérité qui en ressortira séra, nous l'espérons, complétement démontrée.

M. Goschen, en rendant compte aux porteurs de titres égyptiens de sa mission en Égypte, établit que le budget des recettes s'élevait pour l'année 1877 à la somme de 10,150,000 livres sterling, et que rien dans l'avenir ne faisait prévoir qu'il pût devenir inférieur à ce chiffre (1).

———

(1) Meeting des Bondholders égyptiens tenu à Londres, City terminus Hotel, le 28 novembre 1876.

Ecoutons-le parler lui-même :

« Maintenant, disait-il, après avoir exposé l'arrangement con-
« clu par lui avec le Vice-Roi, la chose principale que vous avez
« le droit de me demander est celle-ci : Avez-vous la conviction
« que les revenus de l'Égypte soient tels qu'ils rendent possible
« au Gouvernement égyptien de tenir les engagements qu'il a
« contractés ?

« Quant aux ressources de l'Égypte, permettez-moi avant tout
« de vous dire que l'ex-Ministre des finances, aujourd'hui en exil,
« (il n'était pas encore mort par excès de boisson), s'était mis
« en tête que l'Égypte ne pouvait payer que le 5 0/0, et tous les
« documents qui nous furent montrés dès le principe, le furent,
« à notre avis, dans le but de nous prouver que le Gouvernement
« égyptien ne pouvait pas même payer le 5 0/0. Nous les exa-
« minâmes à ce point de vue. Permettez-moi maintenant une
« observation.

« Je connais suffisamment le public anglais pour être convaincu
« que, s'il croyait que les sujets égyptiens ne pussent pas sup-
« porter un impôt qui les rendrait aptes à payer le 7 0/0, il
« se contenterait de moins. Le public anglais ne désire pas cer-
« tainement que les contribuables égyptiens soient accablés par
« l'impôt. Mais, en admettant cela, je sais aussi que les porteurs
« de titres en Angleterre, ne voudraient pas sacrifier leurs justes
« droits, pour augmenter les dépenses ou la possibilité des dé-
« penses du Gouvernement égyptien. C'est un point qui doit frap-
« per beaucoup de ceux qui seraient prêts à accepter le 5 0/0 ;
« je veux dire que c'est un précédent dangereux de permettre à
« un gouvernement oriental, surtout avec une mauvaise admi-
« nistration, d'effrayer ses créanciers européens et, après les
« avoir effrayés, de leur proposer une réduction des intérêts qu'il
« doit leur payer. Je n'étais nullement disposé à me prêter à un
« tel résultat.

« Des mesures ont été prises pour cela, mesures dont je dois
« dire un mot, qui avaient pour but d'alarmer les créanciers de
« l'Égypte au delà des besoins de la situation, et lorsqu'on in-

« sinua que le 5 0/0 bien garanti valait mieux que le 7 0/0, l'ex-
« Ministre des finances ne semblait que trop préparé à s'em-
« parer de cette proposition et à dire : — « Si les porteurs des
« titres égytiens sont disposés à accepter le 5 0/0, c'est parfait;
« ils auront le 5 0/0 et rien de plus. »

« Je dois cependant vous faire observer que, dans les entre-
« vues que j'ai eues plus d'une fois avec le Vice-Roi, il ne fut
« jamais, une seule fois, question d'une diminution d'impôts. On
« ne nous a jamais dit : « Nous ne pouvons pas payer, parce que
« les impôts sont trop forts. » Au contraire, l'observation que l'on
« faisait était que : « les besoins de l'État (en d'autres termes,
« les dépenses) nous empêcheront de payer autant. » Mais on ne
« nous fit jamais comprendre que, si vous sacrifiez vos intérêts,
« ce serait à l'avantage des contribuables égyptiens. Nous ac-
« quîmes dès lors la conviction que ce serait commettre un acte
« irréfléchi, que de sanctionner un principe qui permettrait au
« gouvernement égyptien de ne pas respecter ses engagements
« et de réduire le taux de l'intérêt à la seule fin de se créer un
« budget de dépenses beaucoup plus fort.

« Maintenant, quant aux moyens de payer ces taxes, nous avons
« eu sous les yeux divers documents.

« Nous avons eu les recettes de 1875, lesquelles s'élèvent de
« 10 millions 1/2 à 11 millions de livres sterling (1). Ce document
« nous a été présenté par le gouvernement égyptien au milieu
« d'une série de pièces, tendant à nous prouver qu'il ne pouvait
« payer le 7 0/0.

« Nous avons eu devant nous l'ouvrage très-étudié et très-utile
« de M. Cave.

« Nous avons eu les tableaux recueillis par M. Wilson, qui lui
« succéda.

« Nous avons eu, en outre, les résultats de l'enquête faite par
« M. Villet, fonctionnaire français d'un rang élevé, qui séjourna
« en Égypte plusieurs mois et qui, pour vérifier les renseigne-

____

(1) Voir page 24, ci-après.

« ments qu'on lui présentait, s'adressa aux chefs des diverses
« provinces, où l'on percevait les impôts. Il étudia à fond la
« question et arriva à cette même conclusion, que les recettes
« devaient s'élever de 10 millions 1/2 à 11 millions.

« Nous avons eu encore différents documents intéressants,
« recueillis par un agent d'un gouvernement étranger, et qui
« n'est ni le gouvernement français ni le gouvernement anglais,
« afin de connaître quels étaient les impôts que l'on payait dans
« les provinces.

« Nous avons eu le budget du gouvernement pour 1877. Ce
« budget, avec les corrections qui ont été ensuite introduites par
« le gouvernement, atteint, en chiffres ronds, la somme de
« £ 10,450,000.

« Vous pouvez nous demander maintenant quelle certitude
« nous avons de l'exactitude de tous ces chiffres.

« Nous mimes tout en œuvre pour y arriver. En premier lieu
« nous avons confronté les indications avec les indications, les
« impôts avec les impôts, les provinces avec les provinces.

« Nous avons trouvé que le résultat des investigations secrètes
« faites par le représentant d'un gouvernement étranger démon-
« traient que les impôts payés dans les provinces, loin de leur
« être inférieurs, étaient plus élevés que ceux indiqués par les
« comptes présentés par le Gouvernement.

« Nous avons trouvé des cas de suppressions de recettes
« pour l'année 1877.

« Nous instituâmes, ce que l'on peut appeler un système de
« contre-examen incessant, relativement aux différents titres de
« recettes.

« Nous avons trouvé des cas où les recettes avaient été di-
« minuées, mais nous ne pûmes trouver un seul cas d'exagération
« de recettes.

« Il faut bien observer que le Gouvernement égyptien se trou-
« vait dans la position d'un témoin adverse, désireux de diminuer,
« plutôt que d'augmenter, les recettes.

« . . . .

« Nous exigeâmes du Gouvernement l'état de ce qu'il avait
« encaissé et de ce qu'il avait dépensé dans le courant de la
« dernière année.

« . . . .

« Les recettes reconnues pour l'exercice de 1870 et trois mois
« et demi de celui de 1875, nonobstant la crise commerciale et
« la position défavorable de l'Égypte à beaucoup de points de
« vue, s'élevèrent à £ 12,800,000.

« La position de l'Égypte est donc, que nous n'avons aucune
« preuve qui nous indique un défaut de revenus (sic). Les diffi-
« cultés de l'Égypte sont nées d'une mauvaise administration
« financière et de graves et scandaleuses extravagances, mais
« non pas de l'absence d'encaissement de la part de la caisse du
« Trésor. »

Et M. Goschen terminait son exposé des revenus en disant :

« Eh bien, Messieurs, je vous ai donné la preuve des revenus
« et je puis vous dire que nous avons examiné, que nous avons
« contre-examiné, que nous avons demandé des explications et
« les explications des explications, et rien ne nous a démontré
« que les revenus de l'Égypte fussent inférieurs au chiffre de
« £ 10,450,000 que le Gouvernement nous a indiqué dans ses
« derniers comptes, comptes préparés, non pas pour être pré-
« sentés à des capitalistes qui voudraient lui prêter de l'argent,
« mais pour être soumis aux représentants de ses créanciers qui
« réclamaient de lui de l'argent. »

Ainsi, de l'exposé détaillé, consciencieux, sévère que fit
M. Goschen, il résulte que les recettes annuelles du Trésor de
l'Égypte, basées sur des données qu'il est difficile de mettre en
doute, s'élèvent à 10,450,000 Livres Sterling.

Cet exposé s'appuie sur les investigations de MM. Cave, Wilson et Villet, c'est-à-dire des envoyés d'Angleterre et de
France, et sur les recherches de l'agent d'un troisième Gouvernement.

Il a en sa faveur le témoignage d'un Ministre des Finances qui cherchait à réduire les revenus du pays, au lieu de les augmenter, afin d'obtenir de ses créanciers de meilleures conditions, de sorte qu'il faut considérer ses chiffres plutôt comme inférieurs que comme supérieurs aux revenus réels du Trésor égyptien.

Le Vice-Roi, lui-même, enfin, après la disparition de ce Ministre, affirmait ces mêmes chiffres. Il a pu se plaindre qu'on ne laissât pas assez de latitude à ses dépenses; mais il n'a pas eu un seul instant l'idée de révoquer en doute la réalité des revenus sur lesquels se basait M. Goschen.

II.

C'est pourtant lorsque des hommes d'une honorabilité aussi parfaite, d'une aussi haute autorité, ont ainsi tour à tour et consciencieusement étudié la question et obtenu des résultats identiques, que nous entendons parler de nouvelles enquêtes.

Un article étrange, paru dans le *Times* du 12 Décembre dernier, comme émanant d'un correspondant *occasional*, cherche, pour patronner cette prétention nouvelle et servir des desseins qu'on ne saurait trop flétrir, à jeter le discrédit sur ce qui a été fait par les hommes que l'Europe a choisis pour mettre un peu d'ordre dans les finances égyptiennes.

« MM. Cave, Rivers Wilson, Villet, Scialoja et les auteurs de
« l'arrangement financier aujourd'hui en vigueur, dit cet *occasional*
« correspondant, sont tous venus, ont vu et ont rendu compte,
« mais aucun d'eux ne connaissait l'Égypte (*were ignorant of*
« *Egypt*). Ils étaient obligés de prendre les états du Trésor sans
« pouvoir examiner le pays par eux-mêmes. »

On ne peut imaginer une assertion plus fausse et plus calomnieuse. Ces Messieurs ne se sont pas contentés (comme fait observer M. Goschen dans son rapport) d'accueillir les indications que leur présentait le Gouvernement, ils les examinaient, ils les discutaient et prenaient même des informations directement dans les provinces. M. Villet convoquait « les chefs des différentes
« provinces où les impôts devaient être perçus. »

L'agent que ne nomme pas M. Goschen faisait des investigations personnelles. MM. Goschen et Joubert, à leur tour, soumettaient chaque renseignement à une vérification minutieuse, comme le rapporte le compte rendu que nous avons cité.

Versés dans la pratique des choses financières, aptes à saisir la vérité sous quelque jour qu'on la leur montrât, ces hommes, à qui leur situation assurait une entière indépendance et qui ne venaient pas en Egypte pour s'y créer une position ou une fortune, ont mûri leurs convictions par des mois et même des années entières d'investigations et d'études. Ils se succédaient les uns aux autres, portant, dans l'examen dont ils avaient été chargés, la plus sérieuse et la plus scrupuleuse attention. Ils se contrôlaient ainsi par leurs études successives, et leur conviction unanime forme le faisceau de preuves le plus complet, et le plus indestructible.

Que veut-on leur opposer aujourd'hui? Le correspondant du *Times* nous le dit : « Une commission qui serait composée de contrôleurs français et anglais, des commissaires européens de la dette publique auxquels on associerait des collègues indigènes. »

Nous n'hésiterons pas à dire, sans craindre d'offenser les contrôleurs et les commissaires européens, qu'ils se trouveraient personnellement dans une situation analogue à celle de MM. Cave, Wilson, Villet, Scialoja et Elliot; et si l'on doit admettre que ces derniers ont été induits en erreur lorsqu'ils essayèrent de prendre les informations qui les amenèrent à dresser les rapports que nous connaissons, rien ne peut nous faire espérer que les commissaires actuels ne se trouveront pas exposés au même danger. En effet, habitant depuis peu de temps en Égypte, ne puiseront-ils pas forcément leurs renseignements aux mêmes sources qui ont servi à leurs prédécesseurs?

Mais ce qui caractériserait l'enquête nouvelle et la distinguerait profondément de celles que l'on veut détruire, c'est que les commissaires n'agiraient plus librement et d'une manière indépendante.

Toutes leurs démarches, toutes leurs informations seraient surveillées par des collègues, par des fonctionnaires indigènes !

Voilà ce qu'on ose nous présenter comme une garantie de vérité. Il faut pour cela que le correspondant du *Times* soit lui-

même bien *ignorant of Egypt* ou croie parler à des gens qui ignorent bien profondément ce pays!

Quel est le fonctionnaire égyptien qui oserait contredire la volonté du Vice-Roi? Quel est celui devant lequel un malheureux indigène oserait parler librement et dans un sens contraire aux instructions données par le Khédive? (1).

Il ne serait même pas nécessaire qu'il y eût des instructions formelles et il suffit, dès à présent, qu'on puisse soupçonner que le Vice-Roi voudrait persuader l'Europe de l'insuffisance de ses ressources, pour que tous les renseignements soient donnés dans ce sens.

N'y eût-il même pas de fonctionnaires égyptiens parmi les commissaires, il suffirait que l'enquête fût poursuivie officiellement et que les indigènes interrogés pussent craindre de voir leurs noms connus, pour que la vérité ne pût se faire jour.

---

(1) S'il avait fallu une preuve de plus de la vérité d'une telle appréciation, elle aurait été précisément fournie, à point nommé, par le rapport, signé du nom de M. Romaine *seul*, que le Gouvernement égyptien vient de publier dans son *Moniteur* des 7 et 8 février, rapport qui, de l'aveu du signataire, n'est rien autre chose qu'une reproduction des dires des fonctionnaires indigènes et ne peut avoir dès lors aucune autorité.

Il a été posé depuis longtemps en principe et avec grande raison, par MM. Goschen et Joubert (voir avis publié dans le *Times* du 13 octobre) que les communications des contrôleurs généraux n'auraient de valeur que « lorsque les deux contrôleurs généraux seront « en possession de tous les faits se rattachant au résultat de l'année « 1877, et que, *comme les Commissaires de la Dette*, ils seront « en mesure *collectivement* de présenter un exposé officiel de la si- « tuation financière. »

« *It is, however, distinctly understood that as soon as the Controllers* « *are in possession of the full facts regarding the results of the present* « *year, and when they, as well as the Commissioners of the Public* « *Debt, are able, collectively, to make an authoritative statement* « *of the real financial situation, a solution of all the pending diffi-* « *culties must be sought and found.* »

(*Times* du samedi 13 octobre 1877.)
The Egyptian Debt.

(*Note de l'Editeur*).

On voit donc qu'une pareille enquête serait loin de présenter des garanties nouvelles, et il serait impossible de prendre au sérieux ses résultats.

Quels motifs d'ailleurs le Gouvernement égyptien pourrait-il avoir de la demander?

Nous l'avons déjà dit, les chiffres admis par MM. Goschen et Joubert sont ceux mêmes qui ont été présentés par le Gouvernement, qui ont été admis par le Khédive lui-même, et le Khédive, personne n'en doute, connaît parfaitement les ressources de son pays.

M. Goschen disait dans son compte rendu (page 32) :

« Ne croyez pas, Messieurs, que ce plan ait été obtenu en met-
« tant au Vice-Roi le pistolet sur la gorge! Il a été accepté par lui
« *cordialement, à la fin*. Il en parle en termes cordiaux en expri-
« mant la satisfaction d'avoir été dégagé des difficultés où il se
« trouvait. »

Et, ailleurs, après avoir expliqué une concession demandée et obtenue par le Vice-Roi, il ajoute (page 41) :

« Le Vice-Roi nous dit alors : « Maintenant je vois clairement
« mon chemin, je me sens libre ; ma position est celle d'un homme
« qui a passé par de grands embarras et qui pense maintenant
« qu'il voit clairement devant lui la perspective de temps heu-
« reux ! »

Telle était l'opinion du Vice-Roi personnellement à la fin, c'est-à-dire après la disparition de son Ministre des Finances, et alors qu'il ne pouvait prétendre ignorer la vérité.

Aucun doute ne peut donc subsister sur la situation telle qu'elle était à cette époque. D'ailleurs M. Goschen nous le dit et on l'a vu dans les passages que nous avons cités, ce qu'il a examiné ce ne sont pas des hypothèses ni des probabilités, ce sont les sommes *effectivement encaissées* dans la période étudiée par lui ; la réalité des faits et des données qui en résultent n'est donc pas contestable.

Y a-t-il eu depuis lors, pour motiver un nouvel examen, quelque fait nouveau?

Qu'on nous montre un changement quelconque dans l'état de l'Égypte ! Tout le monde sait quelles sont les sources de revenus de ce pays. Le prix du coton n'a pas sensiblement varié depuis 1875 ; le prix des céréales a augmenté, et la quantité des récoltes est plutôt supérieure ; l'Égypte n'a pas éprouvé de calamité ; ses récoltes n'ont pas souffert. Le rendement des impôts ne peut donc avoir changé.

Nous dira-t-on que les versements à la caisse du Trésor ont diminué, et qu'il faut rechercher les causes de cette diminution ?

M. Goschen nous parle d'un fait pareil (page 38) :

« Lorsque nous allâmes en Egypte, £ 300,000 avaient été
« payées durant les mois de juillet, août et septembre. Quand
« nous arrivâmes, les payements à la caisse furent presque tota-
« lement suspendus, quoique sous le décret du 7 mai, ils eussent
« dû continuer leur cours usuel. Pendant que nous étions là,
« durant les quatre premières semaines, à peine quelques paye-
« ments furent faits. Lorsque nous eûmes signé notre conven-
« tion avec le Vice-Roi, un changement prodigieux eut lieu, et
« j'ai maintenant le plaisir de vous annoncer que, tandis que il
« y a trois ou quatre semaines, la caisse n'avait pas 300,000
« livres sterling comme résultat des payements de quatre mois,
« il y a maintenant 900,000 livres sterling entre les mains des
« commissaires ! »

Un miracle de même nature a pu se produire en sens inverse cette année, mais ce n'est pas une enquête, et surtout une enquête faite par des fonctionnaires égyptiens, qui en pourra faire décou-vrir la cause.

Le correspondant du *Times*, ne comptant peut-être pas beau-coup sur la persuasion, car tous ceux qui connaissent l'Égypte, et les porteurs de Bons ont appris à la connaître, suppléeraient facilement ce que nous venons de dire, croit pouvoir recourir à la menace, et nous dit :

« Que le parti français ne doit pas pousser trop loin les cho-

« ses. Qu'il doit se rappeler que le Khédive est le régulateur de
« son pays. Que le décret du 18 novembre lui-même ne tient
« son existence que de la volonté du souverain. »

Si cette menace a eu pour but de nous effrayer, nous nous em-
pressons de dire au correspondant du *Times* qu'il a manqué son
effet.

La situation aujourd'hui a fait des pas trop décisifs, et ce qui
était possible en novembre 1876, ne le serait plus aujourd'hui.

Il peut être permis à un failli de déclarer sa faillite, mais une
fois l'actif connu, il ne peut être permis au débiteur de le conserver sans payer ses créanciers. La faillite alors se transformerait
en banqueroute, ce serait au failli d'en craindre les conséquences,
et non à ses créanciers !

III

Encore un mot pour achever de démontrer que les 10,450,000 livres sterling de recettes, indiquées par M. Goschen comme lo revenu normal do l'Égypte, ne peuvent être contestées.

Ce ne sont pas seulement les déclarations précises des budgets égyptiens, les comptes de recettes produits par lui et examinés par les représentants de l'Europe qui l'établissent d'une manière indéniable; c'est l'ensemble de la production du pays et des renseignements statistiques recueillis et publiés par le Gouvernement qui viennent le confirmer.

Citons un de ces documents.

Nous trouvons dans la statistique agricole et animale do l'Égypte, publiée par le Ministère des Finances égyptiennes pour l'année cophte 1590, éditée en 1876 et présentée au Congrès statistique de Buda-Pesth de la même année par les commissaires égyptiens, une production agricole et animale s'élevant à la somme de. . . . . £ 53,251,477

Cette statistique ne comprend que la Basse et Haute Egypte jusqu'à la première cataracte (1).

---

(1) L'auteur de la brochure estime, avec grande raison, que la production agricole peut, sans doute, être la principale production d'un pays comme l'Égypte; mais que dans aucune société, si peu avancée qu'on la suppose, les profits agricoles ne sont pas les seuls profits du pays, et qu'il faut y ajouter ceux du commerce, des professions et métiers de toute nature. Dans l'impossibilité de calculer ces profits, il se contente de prendre comme les représentant *en totalité*, les im-

Report. . . £ 53.254.477

Il faut ajouter à ce chiffre :

Taxe sur les métiers et professions . . . . . £	422.000
Douanes	630.000
Taxe sur le tabac.	263.000
Taxes ordinaires des provinces.	504.000
Impôts du Soudan.	143.500
Diverses rentrées	31.000
Municipalités du Caire et d'Alexandrie. . . .	517.800
Recettes des Gouvernorats et polices des petites villes.	202.400
Canaux, Ports et autres rentrées..	165.600
Chemins de fer	999.200
Total. . . . . £	57.146.777

Cette somme de £ 57,146,777 n'est pas cependant toute la production de l'Égypte. La taxe sur les métiers et les professions de £ 422,000 n'est qu'un impôt sur une richesse produite beaucoup plus élevée que cette somme, mais dont nous ne pouvons préciser le chiffre, les documents nous faisant défaut. Nous devons dire la même chose des £ 143,500 impôts du Soudan.

Pour nous tenir donc à un chiffre bas, à l'abri de toute contradiction, nous dirons que la production totale de l'Égypte, d'après des données et des publications officielles, est au moins de £ 60,000,000.

Sur cette somme le Gouvernement égyptien perçoit £ 10,450,000, pour suffire aux dépenses de l'Administration et au service de la

---

pôts établis sur ces profits. On voit combien un tel système doit rester au-dessous de la vérité. En portant les revenus annuels de la nation égyptienne à 60 millions de livres par an, l'auteur de la brochure, non-seulement s'est montré modéré, mais il a été manifestement fort incomplet.

(Note de l'Éditeur.)

dette publique ; c'est-à-dire à peu près le sixième de la production générale du pays (1).

Cela démontre jusqu'à l'évidence que l'Égypte se trouve non-seulement en état de faire face à tous ses engagements sans éprou-

---

(1) M. Goschen, écrivant en décembre 1876, donne ainsi la décomposition du revenu de l'année 1875, revenu qui, d'après ses affirmations et les constatations qu'il avait faites, s'était élevé à 10,804,100 livres sterling.

Taxes directes.

Sur propriétés foncières. . . . Liv. st.	4.302.400	
Sur les dattiers.	189.300	
Licences sur professions, etc. (contributions d'arts et de métiers)	422.000	
		4.913.700

Taxes indirectes.

Douanes . . . . Liv. st.	639.000	
Monopole du tabac	263.900	
		902.900

Revenus du Gouvernement.

Des salines. . . . . Liv. st.	306.000	
Fermage des pêcheries	131.800	
(Fermage du poisson frais et matarieh (poisson salé)		
		437.800
Taxes diverses et revenus dans les provinces. Liv. st.	504.900	
Revenus de la province du Soudan	143.500	
Divers	34.000	
Total de la taxation générale . . . Liv. st.		6.936.800

Revenus, taxes et droits locaux.

Municipalités, gouvernements du Caire et d'Alexandrie. . . . . . . Liv. st.	517.800	
Gouvernements de petites villes et		
A reporter. . . . . Liv. st.	517.800	6.936.800

ver le moindre embarras, mais qu'elle est placée dans d'excellentes
conditions, bien meilleures que celles de plusieurs États de l'Europe, lesquels perçoivent un impôt dépassant le quart des reve-

Report . . .	Liv. st.	517.800	8.936.800
recettes de police. . . .	Liv. st.	202.400	
Droits et péages de canaux, de ponts, de ports et autres		165.600	
		885.800	
Chemins de fer. . . .		990.200	
			1.876.000
Sommes reçues en anticipation de l'im- pôt foncier futur (1)	Liv. st.	1.613.600	
Remboursements d'avances faites par le Gouvernement en intérêts		377.700	
			1.991.300
			10.801.100

(Pages VI et VII de la brochure anglaise).
(Pages 7 et 8 de la traduction française).

M. Goschen en énonçant le produit de l'impôt foncier
(*land-tax*) n'en donne pas la décomposition, qui a cependant
la plus grande utilité.

Cet impôt est perçu sur 4,805,107 feddans de terres cultivées qui se divisent, au point de vue de l'impôt, en deux
catégories :

1° 3,580,239 feddans (terres *Kharadjieh* ou tributaires),
supportent une charge foncière (*miri*) s'élevant en moyenne
à 22 shillings par feddan;

2° Le surplus 1,224,868 feddans *privilégiés* (terres *oushurieh* ou de dîmes), qui ne payent que 7 shillings par feddan
(*oushur*).

M. Mac-Coan, auteur du livre publié à Londres en
août 1877, sous ce titre : *Egypt as it is*, ouvrage dont les

(1) Produits de la Moukabalah.

nus généraux du pays et qui néanmoins savent établir leur balance et remplir fidèlement leurs engagements.

Nous avions donc raison de dire et de soutenir que le budget

---

documents ont été puisés à des sources officielles, et qui est d'ailleurs tout entier composé à la louange du Vice-Roi, M. Mac-Coan explique que le premier de ces impôts, le *miri*, qui est établi sur les terres *Kharadjieh* et qui est de 22 shillings par feddan, n'a rien d'exagéré et peut même être regardé comme modéré, attendu que le revenu moyen du feddan s'élève en Egypte à 8 livres, 12 livres ou même 15 livres (pages 122 et 123).

Quant à l'impôt de 7 shillings par feddan sur les terres privilégiées ou *oushurieh*, M. Mac-Coan déclare que c'est un impôt presque nominal, tant il est faible, et il conclut que la différence entre le *miri* et l'*oushur* constitue une réserve de taxation possible qu'il faut évaluer à près d'un million de livres par an.

« The difference between the *miri* and *oushur* in Egypt « constitutes *a reserve of taxation* potentially worth nearly « 1,000,000 £ a year. » (Page 131.)

Il est vrai que M. Mac-Coan se hâte de nous prévenir que comme beaucoup de ces domaines privilégiés appartiennent aux membres de la famille du Vice-Roi ou à d'autres personnes influentes, il n'y a pas beaucoup de vraisemblance actuelle à ce qu'ils doivent être prochainement mis sous la loi de la contribution la plus élevée.

« On the other hand, as most of these privileged estates « belong to members of the Vice-Regal family or other « influential persons, there is not much present likelihood « of their being brought under the higher assessment. » (Page 123.)

égyptien établi par M. Goschen était sensé et vrai et qu'en le portant à £ 10,450,000 il était bien loin de grever le pays outre mesure.

Le pays pourra-t-il parler aujourd'hui autrement qu'il ne l'a fait, à la face de toute l'Europe, pendant de longues années, par la bouche de son Souverain et de ses Ministres? Se ferait il que nous fussions en droit de lui dire qu'il cache la vérité, pour tromper et frustrer ses créanciers!

Ainsi, d'après M. Mac-Coan, le défenseur du Vice-Roi et le panégyriste de son administration, il suffirait, pour que le budget égyptien s'enrichît d'une recette facile et annuelle de 25 millions de francs, que les membres de la famille du Vice-Roi et les autres personnages influents en Egypte voulussent bien ne pas soustraire leurs domaines au principe de l'égalité devant l'impôt.

(Note de l'Editeur.)

IV

Ayant fixé avec M. Goschen les recettes du budget égyptien que nous avons trouvées raisonnables et modérées, en les comparant à la production totale de l'Égypte d'après les statistiques officielles du Gouvernement égyptien publiées avant la conversion; établissons ses dépenses, en tenant compte de la Dette publique.

Les dépenses annuelles du Gouvernement égyptien, d'après le rapport de M. Goschen, sont les suivantes :

Tribut à Constantinople	£	685.808
Intérêts pour le Canal de Suez.		198.829
Dépenses de l'administration intérieure du pays, la liste civile du Khédive et les apanages de sa famille.		3.067.560
Intérêts pour la dette privilégiée		885.744
Intérêts pour la dette unifiée		4.177.720
Total (1).	£	9.015.161

De sorte qu'en regard de recettes s'élevant à £ 10,450,000 nous avons des dépenses s'élevant seulement à £ 9,015,161 et par conséquent un excédant de £ 1,434,839.

Peut-on donc, de bonne foi, en présence de tels résultats, douter un instant que l'Égypte ne soit en état de suffire au payement intégral de la dette privilégiée et de la dette unifiée ? Com-

---

(1) L'auteur de la brochure ayant, comme M. Goschen au Meeting du 28 novembre, évalué les produits annuels du budget égyptien à 10,450,000 £ (voir page 22), a dû, pour arriver à ce total, comprendre dans les recettes les produits de la Moukabalah qui sont de 1,613,600 £. Il aurait dû, par suite, compter dans les dépenses, les annuités des emprunts courts dont la Moukabalah a la charge. Le total de. . . . . £ 9.015.161 doit donc être augmenté de l'annuité des emprunts

A reporter . . . . £ 9.015.161

ment peut-on parler de diminuer l'intérêt de ces titres, lorsque non-seulement les recettes suffisent à le couvrir, mais qu'elles offrent encore un excédant qui suffit amplement à liquider les créances contre le Gouvernement que M. Goschen n'a pas comprises dans son opération ?

Au sujet de ces créances nous ferons remarquer qu'elles consistent en montant de fournitures et comptes courants avec plusieurs banques, en arriérés de pensions et enfin en condamnations prononcées par les tribunaux de la Réforme contre le Gouvernement égyptien.

Report . . £	9.015.161
courts qui est pour la présente année 1878 de. . . .	1.047.000
Le total des dépenses est donc de	10.062.161
en face de recettes s'élevant à.	10.450.000
L'excédant n'est donc que de. . . . . £	387.839

soit de 9,695,975 de francs.

On doit d'ailleurs faire observer que les intérêts de la dette unifiée, ne sont plus que de . . . . £ 4.028.492 au lieu de . . . . 4.177.720 chiffre porté dans le tableau de l'auteur de la brochure

d'où une économie de	149.228
qui ajoutée à l'excédant de	387.839
constaté plus haut, forme un excédant total de . . £	537.067

ou 13,426,675 francs (1).

Il faut encore ajouter que les annuités des emprunts courts vont diminuant rapidement. Elles sont au total les suivantes :

En 1878. . . . . . £	1.047.000
En 1879.	1.032.000
En 1880.	768.000
En 1881.	294.000
En 1882.	210.000
En 1883.	(Extinction).

(*Note de l'Éditeur.*)

(1) Voir page 50, les tableaux annexés.

Mais toutes ces créances ne dépassent pas la somme de £ 6,000,000.

On peut, par conséquent, affecter à leur service l'excédant de £ 1,431,839, et en moins de six années, on les aura entièrement soldées en capital et intérêts à raison de 6 0/0 par an (1).

---

(1) Il résulte des observations faites plus haut (note de la page 29) que, comme il faut tenir compte de l'annuité des emprunts courts qui ne s'éteignent qu'en 1882, l'excédant du budget ne doit être que de 537,067 livres ou 13,426,675 francs.

Mais le chiffre de 6,000,000 £ indiqué par l'auteur de la brochure, nous paraît fort exagéré : l'état dressé par le Gouvernement égyptien et présenté à Londres, en octobre 1877, à MM. Goschen et Joubert, ne s'élevait qu'à 3,200,000 livres.

Sur ces 3,200,000 £ livres, une grande partie se composait de prétendus arriérés dus, pendant les dernières années, à la liste civile du Khédive, et aux dotations de la famille khédiviale. Tout le monde reconnaissait que ces réclamations devaient être l'objet d'un examen et d'une liquidation destinés à en contrôler la légitimité, et qui donneraient certainement lieu à des réductions considérables.

(Voir l'avis publié dans le *Times* le 13 octobre 1877, à la suite des conférences entre MM. *Goschen et Joubert* d'une part et M. le *baron de Malaret* et le *capitaine Baring*, de l'autre.)

Tout porte à croire que l'excédant de 537,067 livres ou 13,426,675 francs suffirait pour constituer une annuité qui éteindrait rapidement ces créances ramenées à leur chiffre sérieux et légitime.

D'ailleurs, de grandes économies peuvent être faites sur les dépenses de l'administration de l'Egypte, et notamment sur l'armée. Il convient de rappeler, à cet égard, ce que dit M. Goschen, dans ses *Remarques préliminaires* au texte des décrets (Londres, 15 décembre 1876) :

« Les prévisions de dépenses, dit-il (prévisions portées à
« 3,067,560), ont été examinées avec soin de concert avec le Gou-
« vernement, à la fois par M. Wilson et par M. Villet. Je puis ajouter
« que j'ai entendu affirmer *par une autorité encore plus haute*, que
« l'Egypte peut être gouvernée pour une somme plus faible. » —
(*Page 14 du texte anglais. Page 9 de la traduction française.*)

Enfin, il ne faut pas oublier ce que M. Mac-Coan appelle, si justement, la TAXABLE RÉSERVE OU RESERVE OF TAXATION, c'est-à-dire la correction de l'iniquité flagrante qui met aujourd'hui une différence entre le *miri* et l'*oushur*, entre l'impôt de droit commun et l'impôt nominal des privilégiés ; correction qui suffirait, à elle seule, pour augmenter le revenu de 25 millions de francs. (Voir ci-dessus page 25.)

(*Note de l'Editeur.*)

V

Nous croyons avoir démontré, sans qu'il soit besoin d'autres recherches, la parfaite solvabilité du Gouvernement égyptien, si le Khédive y met de la bonne volonté.

Mais, si un doute pouvait s'élever à cet égard, quelle serait la position personnelle du Khédive et de sa famille vis-à-vis des créanciers de l'Etat?

Des faits, que personne n'ignore en Egypte, mais qu'il est bon de faire connaître à l'Europe, donneraient à ces créanciers des droits auxquels on songe déjà.

Nous trouvons en effet dans un mémoire fort intéressant de M. Dicey, intitulé *L'Egypte et le Khédive* et inséré dans la Revue anglaise « *The Nineteenth Century* », les observations suivantes :

« Lorsque Son Altesse succéda à Saïd-Pacha, son patrimoine
« particulier ne dépassait pas 30,000 feddans.

« En ce moment le Khédive, en son nom et en ceux de sa mère,
« de ses femmes et de ses fils, possède une fortune territoriale
« dépassant un million de feddans, c'est-à-dire le cinquième de
« toutes les terres cultivées de l'Egypte. Cette accumulation ex-
« traordinaire de propriétés s'est faite en un peu plus de
« douze ans (1).

« . . . .

---

(1) Nous lisons dans une brochure publiée par M. Dervieu, page 47 et 48, les lignes suivantes :

« De tout temps les vice-rois appelés au Gouvernement de

« Dire que le transfert de cette quantité énorme de terrains n'a
« pas eu lieu avec la volonté et le consentement spontanés des
« parties intéressées, ce serait énoncer une vérité évidente. La
« plus grande partie de ces terrains appartenait aux *fellahs*.
« L'instinct de la propriété est tellement fort chez le fellah que la
« nécessité absolue pouvait seule le conduire à se séparer de ses
« champs et à échanger la position de fermier avec celle de simple

---

« l'Egypte ont profité des ressources immenses que met à leur
« disposition l'administration de cette riche province, pour agran-
« dir leur patrimoine et se constituer des fortunes considérables.
« Son Altesse Ismaïl-Pacha s'est conformé à cette tradition et
« semble avoir voulu devenir le plus riche propriétaire du monde
« entier; dès son arrivée au pouvoir, on le voit, tout en s'occupant,
« il faut croire, du bien-être des populations qu'il administre, il
« a su ajouter de nouvelles terres à celles qu'il possédait déjà,
« soit par voie d'acquisition, soit par voie d'échange contre des
« positions administratives, que les malheureux propriétaires, de-
« venus fonctionnaires, ne conservaient pas longtemps; si bien
« que, dans l'espace de moins de trois ans, de janvier 1863 à dé-
« cembre 1865, le domaine privé de Son Altesse s'était accru
« dans de telles proportions que la Daïra pouvait, en garantie de
« l'emprunt de £ 3,000.000 (francs 75,000,000) qu'elle contractait
« vers la fin de 1865, donner une étendue de terrains qui ne s'é-
« levait pas à moins de 364,930 feddans libres d'hypothèque ou de
« toutes autres obligations.
« Dans l'année suivante (1865) ce domaine déjà considérable
« s'augmente encore de toutes les propriétés du prince Mustapha
« et d'une partie de celles du prince Halim.
« Enfin, en 1870, Son Altesse contracte un nouvel emprunt et
« affecte à sa garantie de nouvelles terres indépendantes des pro-
« priétés déjà données en gage pour l'emprunt de 1866 et pour les
« emprunts Mustapha et Halim.
« On apprend alors que Son Altesse possède encore 150,000
« feddans dans la Haute-Egypte, que cet immense domaine est
« approprié à la culture de la canne à sucre et qu'il est pourvu
« d'établissements et de machines qui lui donnent une valeur
« considérable.
« Or, si l'on récapitule les quantités de terre données en ga-
« rantie des emprunts et qu'on y ajoute celles qui peuvent être
« encore libres de tout engagement, on arrive au chiffre formi-
« dable de un million de feddans soit 440,000 hectares entièrement
« cultivés ! »

« journalier. D'autre part le Khédive, à défaut de Tribunaux devant
« lesquels les indigènes puissent recourir pour obtenir protection,
« possède un pouvoir illimité de forcer toute espèce de contrat et de
« dicter les conditions qui lui plaisent. Ces conditions étant don-
« nées, il n'est pas difficile de s'imaginer comment un million de
« feddans, appartenant aux paysans, ont été annexés au patri-
« moine du Vice-Roi.

« . . . .

« On pourra dire que l'état des choses, en vertu duquel
« les terrains de l'Égypte ont été transférés de la propriété
« du fellah à celle du Vice-Roi, est une conséquence
« nécessaire du régime despotique dans lequel se trouve
« l'Égypte. A quoi je réponds que si c'est une conséquence
« d'origine, ce n'en est pas une conséquence inévitable. Il n'y a
« aucun motif fondé sur la nature des choses, pour faire que Ismaïl
« Pacha ne se fût pas contenté de suivre l'exemple de ses prédé-
« cesseurs, en laissant aux fellahs la jouissance paisible de leurs
« terrains. Ce qui occasionne la misère de l'Égypte, ce n'est pas
« qu'elle soit gouvernée par un autocrate, mais c'est que, par
« une circonstance sans précédent dans aucun autre pays de
« l'Orient, l'autocrate est en même temps un propriétaire mons-
« trueux de terrains, et un négociant et un spéculateur dans son
« propre intérêt.

« . . . .

« Mais quelle que puisse être l'origine de ses propriétés, le
« Khédive est aujourd'hui propriétaire du cinquième de l'Égypte...
« Rien ne s'oppose, dans la nature des choses, à ce que le
« Khédive n'abandonne le système de cultiver ses terrains pour
« son propre compte et ne les rende aux fellahs, non pas à titre
« de propriété, mais seulement en location. » etc.

Les conséquences que l'on doit tirer de ces faits, dont la vérité
ne peut être mise en doute et des considérations qui en découlent
d'après M. Dicey, nous paraissent simples et naturelles.

La fortune acquise au Vice-Roi et à sa famille par de tels
moyens, au détriment non-seulement des fellahs mais de la ri-

chesse publique, doit évidemment contribuer, si les moyens ordinaires venaient à faire défaut, à acquitter les charges publiques.

N'oublions pas en effet, comme le dit M. Goschen que c'est non faute de ressources, mais par l'effet d'une mauvaise administration, dont le Vice-Roi est légalement responsable, que les choses en sont venues au point où nous les trouvons.

A ce sujet, nous ferons remarquer que la Sublime-Porte a reconnu et affirmé cette responsabilité personnelle du Vice-Roi, responsabilité garantie par sa fortune privée. Musurus-Pacha, ambassadeur à Londres de S. II. le Sultan, dans une protestation en date du 25 avril 1870 adressée à S. E. le comte Clarendon, Ministre des affaires étrangères de S. M. Britannique, s'exprimait ainsi :

Londres, 25 avril.

« Le soussigné, ambassadeur extraordinaire et plénipotentiaire
« de S. M. I. le Sultan, a l'honneur de déclarer, au nom et par
« ordre de son Gouvernement, à S. E. le comte Clarendon, prin-
« cipal secrétaire d'État de Sa Majesté Britannique pour les af-
« faires étrangères, que la Sublime-Porte fait ses réserves à l'é-
« gard de l'emprunt particulier que S. A. le Khédive d'Égypte
« vient de conclure, ou est en ce moment en voie de conclure, et
« qu'Elle proteste d'avance contre toute combinaison financière
« qui n'aurait pas obtenu l'autorisation préalable de S. M. I. le
« Sultan, aux termes du dernier firman impérial *et qui affecte-*
« *rait directement les revenus de l'Égypte ou à laquelle on enten-*
« *drait donner des effets préjudiciables pour le passé et pour*
« *l'avenir aux droits du Trésor public de la province d'Égyte sur*
« *la fortune privée de S. A. le Khédive par rapport à la gestion*
des finances de cette province.

« En priant S. E. le comte de Clarendon de vouloir bien pren-
« dre acte de la communication qui précède, le soussigné saisit
etc., etc. »

(Signé) Musurus.

Comment pourrait-il donc, sous son nom ou sous celui de sa

famille, conserver une fortune immense enlevée à ses sujets alors
que le budget de l'État serait en déficit et que ceux qui ont fait
confiance à un pays prospère se sont trouvés tout-à-coup, par la
faute de son administration, en face du déficit, de la faillite, et, si
les desseins que lui prête le correspondant du *Times* étaient vrais,
de la banqueroute?

Aucune morale n'admettrait une pareille conséquence.

Eh bien, sans aller plus loin que ne le veut M. Diccey, il suffirait d'accepter la combinaison qu'il propose, en appliquant simple-
ment le produit de la location de ces terres immenses au rem-
boursement des dettes et des engagements de l'État.

Le million de feddans dont il s'agit se louerait facilement
à £ 4 le feddan (1) et produirait par conséquent un revenu annuel
de £ 4,000,000. Il y aurait largement là de quoi combler les dé-
ficits que les amis imprudents du Vice-Roi croient voir dans son
budget.

Il y aurait même de quoi compléter en outre, de manière à satisfaire tout le monde, le service des dettes de la Daïra, dont les
intérêts ne s'élèvent qu'à 500,000 £ par an.

On serait sûr ainsi, dans un temps déterminé, d'arriver au
payement intégral des créances de l'État comme de la Daïra.

Le Vice-Roi ne pourrait certainement pas se plaindre d'un système qui le laisserait propriétaire de ce million de feddans, et
qui se bornerait à en affecter momentanément (c'est-à-dire pour
quelques années) les revenus au payement des dettes qu'il a con-
tractées et dont la responsabilité, comme autocrate de l'Égypte,
pèse entièrement sur lui.

Sa liste civile, les richesses énormes qui se trouvent renfer-

---

(1) Le revenu net et moyen d'un feddan en Égypte est d'environ £ 7. Quelques feddans de très-bonne terre, le long des ber-
ges du Nil, rendent davantage, d'autres ne disposant pas à loisir
des eaux du fleuve, sont de qualité inférieure et rendent moins.
En louant le feddan à 4 on laisserait au fermier une marge suffisante pour les bénéfices auxquels il a droit et l'intérêt du capital
qu'il emploie.

mées dans ses Harems, les maisons et les palais qu'il possède au Caire et à Alexandrie, dont il a la jouissance et dont il touche les revenus, suffiraient largement aux dépenses que réclame sa haute position et son rang de Souverain, sans le contraindre à faire des économies qui blesseraient sa dignité et son caractère.

En se renfermant dans ces limites d'une stricte nécessité pour faire honneur à sa parole et à sa signature, le Khédive renouvellerait ce que fit, dans une occasion semblable, son oncle et prédécesseur Saïd-Pacha. A la suite d'un emprunt de 75 millions de francs (le seul que fit ce prince généreux, loyal et éclairé), contracté avec des banquiers européens, Saïd-Pacha craignit l'entraînement de ce premier pas et se décida spontanément à faire des économies. Ne voulant pas en faire supporter les charges à ses sujets, il préféra être le seul à en souffrir, et un beau matin on apprit en Égypte que l'argenterie et les bijoux du Vice-Roi étaient en vente. Non content de cela, il choisit dans ses propriétés un certain nombre de feddans qu'il donna à son fils, et le reste, il le céda aux fellahs au profit de l'État.

Mais Saïd-Pacha avait en horreur les dettes et il préférait être dupe d'une parole donnée plutôt que d'y manquer ou de laisser soupçonner qu'il voulût un seul instant s'y soustraire.

Qui donc pourrait encore s'opposer à cette location? La mère, les femmes ou les fils du Vice-Roi, au nom desquels bon nombre de ces feddans pris aux fellahs, ont été inscrits?

Certainement non. S'ils ne savaient pas comprendre les devoirs que leur impose l'honneur de leur maison, il serait facile au Vice-Roi de leur rappeler qu'ils n'ont pas reçu ces biens en héritage de leurs auteurs; qu'ils ne les ont pas achetés avec de l'argent gagné dans l'exercice d'une profession quelconque. Ils les ont reçus en donation; et celle-ci ne pourrait détruire les droits que les créanciers du donateur avaient et ont sur ces biens.

VI

Résumons-nous :

Un budget dont les recettes s'élèvent à £ 10,450,000 et les dépenses à £ 9,015,161, un excédant par conséquent de £ 1,434,839 par an, plus que suffisant pour payer, dans un temps relativement court, les charges non inscrites au budget (1) ;

Au besoin, une ressource à laquelle on aurait droit de recourir et qui donnerait un nouvel excédant de £ 4,000,000 capable de solder une dette flottante même plus forte que celle que nous avons indiquée ;

Telle est la situation réelle de l'Égypte.

Il nous a suffi pour la démontrer de la dégager des données définitivement acquises, déjà connues de tous et dont la réalité ne peut faire doute.

Qu'on mette maintenant cette situation financière, prospère en réalité et qui permettrait de donner satisfaction à tous, en comparaison avec ce qui se passe autour de nous.

Tous ceux dont les intérêts dépendent des engagements pris par le Gouvernement égyptien voient leur situation menacée. Pour les uns, c'est déjà la faim et la misère, pour d'autres, la ruine ou la faillite imminente, pour tous, des pertes énormes et un malaise profond, soit qu'ils attendent en vain le payement de pensions acquises par de longs services, ou le règlement de comptes importants, soit qu'ils poursuivent inutilement l'exécution de condam-

---

(1) Voir la note pages 28 et 29.
Excédant 537,067 livres sterling = 13,426,675 francs.

nations prononcées à leur profit, soit qu'ils aient en mains des valeurs dépréciées, dont on rend le revenu incertain et que des bruits alarmants menacent de la plus déloyale banqueroute.

La solution de la question d'Orient est imminente et c'est sur le tapis où elle sera posée que tant de justes griefs, tant de puissantes réclamations, seront portés et recevront leur satisfaction, si le Gouvernement égyptien ne sait pas s'arrêter sur la voie où on le pousse.

Que ceux donc qui conseillent des enquêtes, des recherches, des investigations pour amener une réduction de l'intérêt de la dette consolidée et une liquidation des autres dettes, au prorata de la somme qu'on aura créée à dessein, y prennent garde.

De gros nuages se lèvent à l'horizon, l'avenir peut être menaçant et bientôt il pourrait ne plus être temps de se raviser.

Ils s'apercevront alors seulement qu'ils ont mal servi leur maître, à moins qu'ils n'aient intérêt à le servir ainsi.

VII

M. Dicey, dans l'article que nous avons déjà cité, nous ouvre encore d'autres horizons, et il ne sera pas inutile, pour compléter cette étude, de lui donner une fois de plus la parole.

« . . . .

« Quatorze années se sont écoulées depuis que Ismaïl-Pacha est
« monté sur le trône. En 1863 la dette publique s'élevait en chiffres
« ronds à moins de quatre millions de livres sterling.

« Les recettes balançaient ordinairement les dépenses, et quoi-
« que le Gouvernement fût défectueux, les conditions financières
« du pays étaient excellentes.

« De 1863 à 1877 on a plus que doublé les impôts. Dans ces
« quatorze dernières années, les cultivateurs de terrains, lesquels
« forment ordinairement les revenus de l'Egypte, ont versé, soit
« directement par l'impôt foncier, soit indirectement par d'autres
« taxes dans la Caisse du Trésor (se confondant jusqu'à ces der-
« niers jours avec la Caisse particulière du Khédive) une somme
« de 110 millions de livres sterling.

« Je puis ajouter que ces données sont en substance identiques
« à celles des rapports de MM. Cave et Goschen.

« On peut cependant, sans toucher matériellement aux conclu-
« sions que je tire des calculs sus-indiqués, en faire ressortir une
« déduction importante.

« Le Khédive, non content d'une augmentation continue de ses
« revenus, a contracté des emprunts, bien des personnes le sa-
« vent, à leurs dépens.

« Dans les quelques années de son règne, il a porté la dette pu-
« blique de 4 à 60 millions sterling, sans compter les 17 millions
« de livres garantis sur les chemins de fer et sans compter les
« emprunts particuliers s'élevant à 10 millions sterling ; créant de
« telle sorte des engagements pour une somme de 87 millions de
« livres sterling.

« On doit certainement déduire de ces sommes nominales bien
« des frais pour commissions, escomptes et remboursements.

« Néanmoins, en faisant les concessions les plus raisonnables
« et les plus probables, on devra admettre qu'au moins 40 millions
« sterling en argent effectif ont été versés au Gouvernement égyp-
« tien par les emprunts contractés de 1865 à 1877.

« Si le Khédive était un simple commerçant, il devrait donner
« raison du fait qu'ayant encaissé près de 200 millions sterling
« (soit 5 milliards de francs) en quatorze ans, et que n'ayant pas
« eu d'embarras sérieux, il se trouve aujourd'hui dans une situa-
« tion obérée. En quatorze années, il a grevé l'Egypte d'une dette,
« dont les intérêts seulement dépassent les recettes totales du
« Trésor au moment de son avénement au trône. . . . .

« . . . .
« . . . .

« Je désire exclure toute apparence d'exagération.

« Les dépenses annuelles de l'administration de l'Égypte,
« d'après les données publiées par les statistiques officielles, ap-
« prouvées par le Vice-Roi lui-même, s'élèvent à 3,500,000 £,
« mais en portant même ce chiffre à 4,000,000 £ nous n'aurions
« qu'une somme de £ 52,000,000 employée au service de l'admi-
« nistration de l'Égypte pendant le règne de S. A.

« Quelle raison donnera-t-on de cette différence entre les re-
« cettes et les dépenses sus-indiquées ?

« Les défenseurs du Vice-Roi répondent à cette demande en
« vous parlant vaguement de grandes entreprises effectuées, soit
« directement par Ismaïl-Pacha, soit indirectement par des sub-
« ventions.

« Je serais prêt à les admettre, si on pouvait prouver que le

« Vice-Roi a plongé son pays dans un océan de dettes pour
« accomplir des œuvres productives, ou qu'il aurait pu croire
« utiles pour son pays, quoique erronément, et ses extravagances,
« ne produiraient pas dans le monde un effet moral bien mauvais,
« quoique le résultat pratique n'en serait pas changé pour cela.

« Mais en réalité quelles sont les œuvres qui ont pu absorber
« l'excédant énorme des recettes sur les dépenses?

« Le Canal de Suez a été porté à terme.

« Le Canal d'eau douce a été creusé.

« On a construit des docks à Suez et on construit ceux d'A-
« lexandrie.

« On a ajouté près de 800 milles de chemins de fer à ceux qui
« existaient au moment de l'avénement au trône de S. A. Il est
« vrai que ces nouvelles lignes de chemins de fer, contrairement
« à celles qui unissent Alexandrie au Caire et à Suez, ont été cons-
« truites spécialement, sinon exclusivement, pour pourvoir les
« propriétés privées de S. A. d'un accès facile sur les marchés;
« néanmoins elles ont été construites et sont utiles au commerce.

« La ville du Caire a subi en outre de très-grandes modifica-
« tions surtout dans les quartiers de l'Esbekié et Ismailié. Ces
« modifications, d'une utilité problématique et d'un goût douteux,
« doivent cependant être comptées parmi les travaux d'utilité
« publique.

« Ici se termine le nombre des travaux exécutés.

« On a construit certainement des canaux sur divers points du
« pays pendant ce règne. Mais ces travaux n'ont pas été faits aux
« frais de l'État, ce sont les populations qui les ont effectués.
« Dans la construction des chemins de fer, même, les travaux de
« terrassement sont l'œuvre du travail forcé et non payé; de
« sorte que les dépenses effectuées argent comptant ont été
« minimes.

« La dépense réelle de tous ces travaux peut être calculée
« ainsi :

« Canal de Suez. . . . .   £.   10,000,000
« Canal d'eau douce. . . . .   »   1,000,000
« Port de Suez . . . .   »   1,000,000
« Port d'Alexandrie . . . .   »   2,400,000
« 800 milles de chemin de fer, avec le matériel
    roulant, à 4,000 £. par mille . . . .   »   3,200,000
« Travaux au Caire. . . . .   »   2,000,000
« Armes et équipements . . . .   »   2,000,000

Total . . . . . £.   21,600,000

« Je dois ici faire observer que les données se rapportant aux
« dépenses mises à la charge de l'Égypte pour le Canal de Suez
« et pour le Canal d'eau douce ont été prises dans la déclaration
« faite par M. de Lesseps à la Compagnie du Canal de Suez ; que
« la somme due pour les travaux du Port d'Alexandrie n'a été
« payée jusqu'à ce jour qu'en partie ; et quoique le prix du mille
« de chemin de fer puisse paraître bas, comparativement à ce-
« lui qu'on paie en Angleterre, on doit cependant remarquer
« que les lignes égyptiennes sont si grossièrement construites,
« qu'elles ne présentent aucune difficulté technique et que la
« main-d'œuvre n'a pas été rétribuée.

« Si nous voulions admettre cependant, que le total des dé-
« penses sus-indiquées s'est élevé à 25 millions de livres sterling,
« en tenant compte de certaines dépenses, plus ou moins légi-
« times, nous serions malgré cela stupéfiés de ce fait que, pen-
« dant une période de quatorze ans, plus de 100 millions sterling,
« (soit 2 milliards et demi de francs) sont passés par les mains
« du Khédive, sans qu'on n'en ait jamais rendu, comme je crois
« qu'on ne pourra jamais en rendre compte. »

Impossible devant ces chiffres, dont l'exactitude est incontes-
table, de ne pas se poser les questions que nous trouvons dans la
Réforme financière du 16 octobre 1877, n° 50 (7ᵉ année) :

« 1. — Où ont passé en 18 mois, dit cette feuille, les
« 500 millions de la Dette flottante qui a été convertie le 18 no-
« vembre ?

« 2. — Où ont passé les 100 millions payés par l'Angleterre ?

« 3. — Où a passé le montant des avances faites par les syn-
« dicats parisiens et comment le Vice-Roi a eu à sa disposition
« 280 millions en titres de la Dette unifiée en sus de ce que lui
« attribuait le décret du 18 novembre ?

« 4. Où ont passé les 250 millions d'impositions de 1876, année
» pendant laquelle tous les payements ont été suspendus ?

« 5. — Où ont passé les 317 millions provenant de la Mouka-
« balah ?

« 6. — Où ont passé les 300 millions de nouvelles dettes à
« convertir ?

« N'est-il pas rationnel que le Vice-Roi, ayant pris tout cet
« argent, dise un peu ce qu'il en a fait ?

« Ces sommes réunies forment un milliard et demi que le Vice-
« Roi a eu entre les mains depuis l'année 1872, total colossal
« qui n'a figuré dans aucun budget et qu'il a seul géré......... »

Où sont-elles passées ces sommes ?

Et si elles existent encore, où sont-elles placées ?

Faudra-t-il attendre la solution de la guerre d'Orient pour avoir
une réponse à ces questions ?

ANNEXES

I.

Meeting tenu à la Bourse d'Alexandrie le 3 février 1878.

Protestation approuvée à l'unanimité et pétition adressée aux Agents et Consuls généraux en Egypte.

A Messieurs les Agents et Consuls généraux :

Messieurs,

Les soussignés,

Ont l'honneur de vous exposer ce qui suit :

Il est de notoriété publique que le Gouvernement égyptien, non content d'avoir suspendu le payement de ses comptes courants, de ses fournitures, des pensions et des condamnations prononcées contre lui, menace, en outre, de réduire l'intérêt des titres de la conversion se décomposant en Titres unifiés et Titres privilégiés de la Dette Égyptienne.

Afin de justifier sa conduite, il prétend que les ressources du pays ne suffisent pas au service de la Dette de l'État, et, pour le démontrer, il vient de rendre un décret ordonnant une enquête, à l'effet de constater les conditions financières d'Égypte.

Mais ces prétentions ne résistent pas à un examen sérieux et impartial de la situation. Les rapports des commissaires et des personnages financiers envoyés par l'Europe pour examiner les finances de l'Égypte, ont établi d'une manière indiscutable, que le Trésor égyptien se trouve, non-seulement en état de satisfaire à ses engagements, mais qu'il peut encore, dans un délai relativement court, arriver à l'extinction totale de son passif. D'un autre côté, le patrimoine privé du Vice-Roi, qui, sous le nom de Daïra-Sanieh, a suspendu ses payements comme l'État lui-même, n'est ainsi devenu insolvable que par l'attribution faite à sa famille de biens immenses, acquis aux dépens de l'Égypte et des créanciers européens, et qui pourraient suffire, à eux seuls, pour rembourser la Dette de l'État et celle du Vice-Roi.

C'est ce qui est développé, de manière à ne plus laisser aucun doute, dans une brochure qui vient de paraître sous le titre: « *La vérité sur les Finances égyptiennes,* » à laquelle nous pouvons nous rapporter, pour ne pas étendre outre mesure cette pétition.

Dès lors, pouvons-nous accepter l'enquête à laquelle voudrait recourir le Gouvernement égyptien? Certainement non !

L'enquête a été faite en réalité, il y a à peine un an, par les personnages dont nous avons parlé, personnages dont la compétence financière, dont la haute valeur morale et l'honorabilité, sont à l'abri de toute discussion, sous les yeux du Vice-Roi et sur ses déclarations personnelles.

En attaquant cette enquête, en venant démentir aujourd'hui ses propres affirmations, que se propose le Gouvernement égyptien? Induire en erreur, s'il le peut, les créanciers européens et leurs Gouvernements, et les contraindre ainsi à accepter des mesures ruineuses et que rien ne justifie.

Dans cet état, l'intervention des Gouvernements européens est indispensable.

En effet, ce que tente le Vice-Roi d'Égypte, en refusant de payer ses créanciers, et, en voulant même réduire les taux des intérêts de la Dette convertie, alors qu'il a évidemment les moyens de payer, revient à une confiscation pure et simple des biens et de la fortune de plusieurs milliers de familles européennes. En se mettant en rapport d'affaires avec le Gouvernement égyptien, elles pensaient trouver dans les traités internationaux qui le lient aux puissances européennes, une garantie suffisante pour leur fortune et la même sécurité dont jouissent les sujets Ottomans établis en Europe.

De la même manière que les puissances interviendraient, si un Européen était assailli dans sa propre maison par la force armée, et dépouillé de ses biens, elles doivent secourir les créanciers européens, qui se trouvent menacés d'être complètement dépouillés par le système de fraude et de mensonge que le Vice-Roi d'Égypte poursuit depuis quelque temps avec une obstination révoltante.

En conséquence:

Ils vous prient, Messieurs les Agents et Consuls généraux, de vouloir bien transmettre à vos Gouvernements la présente pétition en l'accompagnant de la brochure citée ci-dessus, pour qu'elle serve à les éclairer sur la véritable situation des finances Égyptiennes, et afin qu'ils leur plaise de prendre les dispositions nécessaires pour sauvegarder les intérêts des soussignés et mettre leurs fortunes à l'abri de la spoliation et de la ruine, en forçant le Vice-Roi d'Égypte à remplir les engagements pris par lui envers ses créanciers.

Ils vous prient d'agréer l'expression du profond respect, avec lequel ils ont l'honneur d'être, Messieurs,

Vos très-humbles serviteurs.

(Suivent les signatures.)

II.

SITUATION GÉNÉRALE DES DETTES DE L'ÉGYPTE

D'APRÈS

Les États certifiés et publiés par les Commissaires-Directeurs de la Caisse de la Dette publique.

(Année 1878).

EMPRUNTS.	CAPITAL NOMINAL RESTANT A AMORTIR.	MONTANT DU SEMESTRE.	MONTANT DE L'ANNUITÉ EN 1878
I — **DETTE UNIFIÉE.**	(Au 1er janvier 1878) 56.845.500 £. 1.421.137.500 fr.	(Au 1er mai 1878) 2.014.246 £.	Sans tenir compte du décroissement de l'annuité dans le 2e semestre.) 4 028.492 £. 100.712.300 fr.
II — **DETTE PRIVILÉGIÉE** (Chemins de fer).	(Au 1er janvier 1878) 16.964.000 £. 421.100.000 fr.	(Au 15 avril 1878) 442.872 £.	Sans tenir compte du décroissement de l'annuité dans le 2e semestre. 835.744 £. 22.118.600 fr.
III — **EMPRUNTS COURTS** 1er Emprunt 1865-1866. (Anglo 7 0/0) s'éteignant en 1882.	(Au 7 janvier 1878) 1.265.920 £. 31.648.000 fr.	(Au 7 janv. 1878) 156.211 £. (Au 7 juillet 1878) 155.219 £.	311.430 £. 7.785.750 fr.
2e Emprunt 1867. (Mustapha 9 0/0) s'éteignant en 1882.	(Au 22 mai 1878) 1.033.700 £. 25.092.500 fr.	Au 22 mai 1878 179.322 £. (22 nov. 1878) 37.615 £.	216.937 £. 5.423.425 fr.
3e Emprunt 1864 (Frühling et Goschen 7 0/0) s'éteignant en 1880.	(Au 1er janvier 1878) 1.409.400 £. 35.010.000 fr.	(Au 1er avril 1878) 257.974 £. (Au 1er oct. 1878) 256.032 £.	514.006 £. 12.850.150 fr.
TOTAL...	77.479.520 £. 1.938.988.000 fr.		5.956.609 £. 118.915.225 fr.

NOTA — Les annuités de tous les emprunts courts vont diminuant rapidement; elles sont les suivantes :

En 1878......	1.047.000 £.	En 1881......	294.000 £.
En 1879......	1.032.000 £.	En 1882......	210.000 £.
En 1880.......	763.000 £.	En 1883....	0 (Extinction).

EFFETS PRODUITS PAR L'AMORTISSEMENT

Sous l'empire du décret du 18 novembre 1876

Du 15 janvier 1877 au 31 décembre 1877.

	CAPITAL NOMINAL au moment du décret du 18 novembre 1876.		CAPITAL NOMINAL amorti depuis le décret du 18 novembre 1876.		CAPITAL NOMINAL restant à amortir au 1er janvier 1878.	
	livres sterl.	Francs.	livr. sterl.	Francs.	livres sterl.	Francs.
Dette unifiée .	59.000.000	1.475.000.000	2.154.500	53.862.500	56.845.500	1.421.137.500
— privilégiée	17.000.000	425.000.000	36.000	900.000	16.964.000	424.100.000
Emprunt 1864.	1.896.400	47.410.000	496.000	12.400.000	1.400.400	35.010.000
— 1865-66.	1.401.060	35.032.500	135.140	3.378.500	1.265.920	31.648.000
— 1867.	1.157.600	28.940.000	153.900	3.847.500	1.003.700	25.092.500
Total. . .	80.455.060	2.011.376.500	2.975.540	74.388.500	77.479.520	1.936.988.000

En l'année 1877, il a donc été amorti **2,975,540** livres sterling ou **74,388,500** francs, somme certainement supérieure à celle dont beaucoup de grands États de l'Europe ont diminué leur dette par l'amortissement pendant cette même année.

Ce résultat montre assez la sagesse et la fécondité de l'arrangement Goschen-Joubert et la nécessité de son maintien dans toutes ses parties.

CHARGES DE L'ÉGYPTE

	Livres sterling.	Francs.
Annuité de la Detto unifiée	4,028,492	100,712,300
Annuité de la Detto privilégiée	885,744	22,113,600
Annuité des Emprunts courts.	1,047,000	26,175,000
Que l'on ajoute :		
1° La somme due à l'Angleterre pour les actions du canal de Suez	198,829	4,970,725
2° Le tribut payé à la Porte	685,308	17,132,700
3° Les dépenses d'administration, y compris la liste civile du Khédive et de sa famille.	3,067,560	76,689,000
On aura un total de charges de.	9,912,933	217,823,325

REVENUS DE L'ÉGYPTE (1)

Les recettes de l'année 1875, y compris la Moukabalah, qui est de 1,613,000 £ (10,340,000 fr.), ont été de :

10,804,000 £, soit de 270,100,000 francs.

Les recettes de l'année 1877 ont été évaluées, par M. Goschen, à :

10,450,000 £, soit 261,250,000 francs.

(1) Voir ci-dessus, pages 23 et 24, le détail des revenus constatés par M. Goschen.

RÉSUMÉ DE LA SITUATION FINANCIÈRE DE L'ÉGYPTE

	Livres sterling.	Francs.
Revenus annuels de l'Égypte (en 1875). . . .	10,804,000	270,100,000
Charges annuelles de l'Égypte.	9,912,933	217,823,325
Excédant de revenus.	891,067	22,276,675

	Livres sterling.	Francs.
M. Goschen, qui avait constaté des revenus pour 1875, s'élevant à	10,804,000	270,100,000
n'a évalué ceux de 1877 (1) qu'à.	10,450,000	261,250 100
Différence. . . .	354,000	8,850,000

	Livres sterling.	Francs.
Dans ces conditions, l'excédant des revenus sur les charges serait de	891,067	22,276,675
moins	354,000	8,850,000
Soit. . . .	537,067	13,126,675

DAIRA SANIEH

On n'a pas parlé des dettes de la Daïra Sanieh, parce que la Daïra se suffit à elle-même. Cette dette est, en capital nominal, de 8,815,430 £ (220,385,750 fr.), exigeant un intérêt minimum de 5 0/0, soit 440,771 £ (11,019,287 fr.). Cet intérêt peut, dans certaines circonstances, s'élever à 6 et 7 0/0.

(1) Meeting du 23 novembre 1876. Voir ci-dessus page 10.

Paris-Imp. PAUL DUPONT, 41, rue Jean-Jacques-Rousseau. 315 2 78

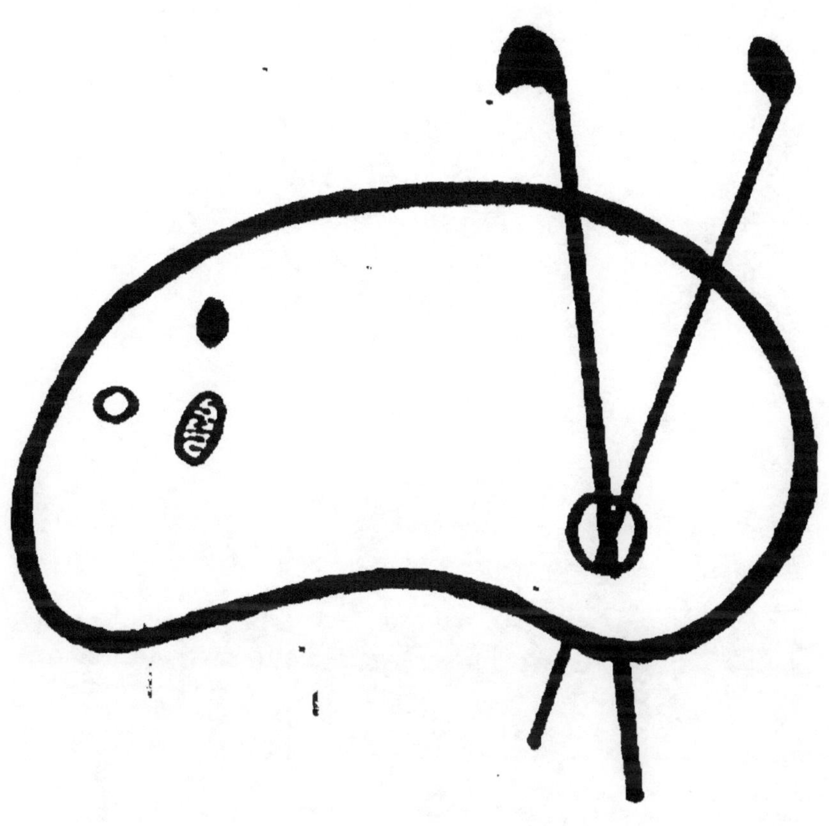

ORIGINAL EN COULEUR
NF Z 43-120-8